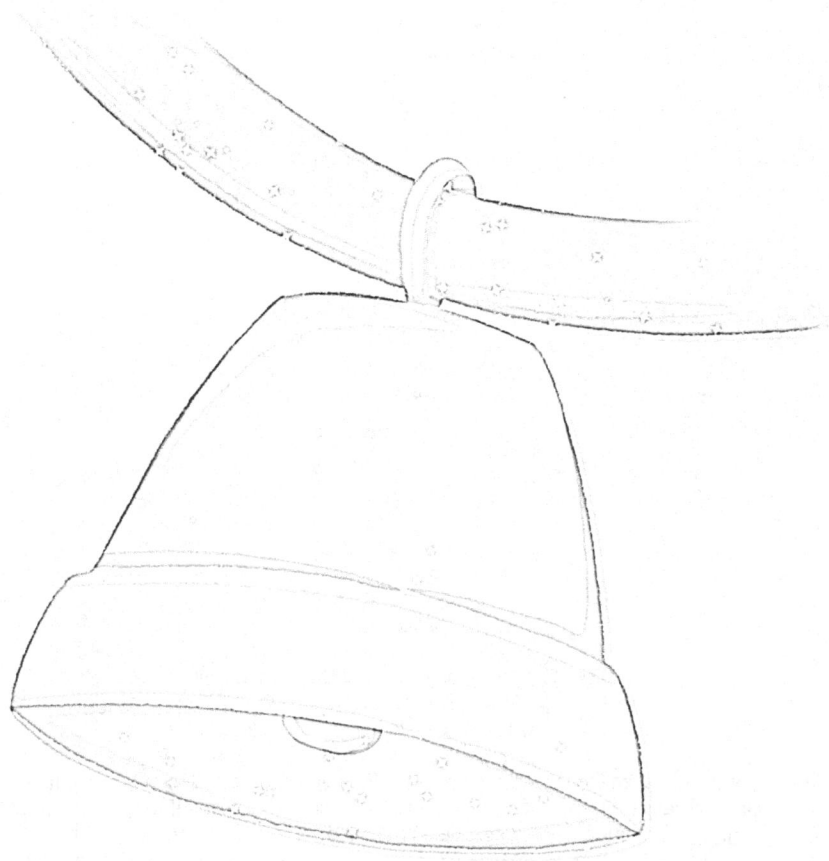

Andrew Thiriot™
Books
andrewthiriot.com

ŚWIĘTA BOŻEGO NARODZENIA

Z

DZIECIĄTKIEM JEZUS

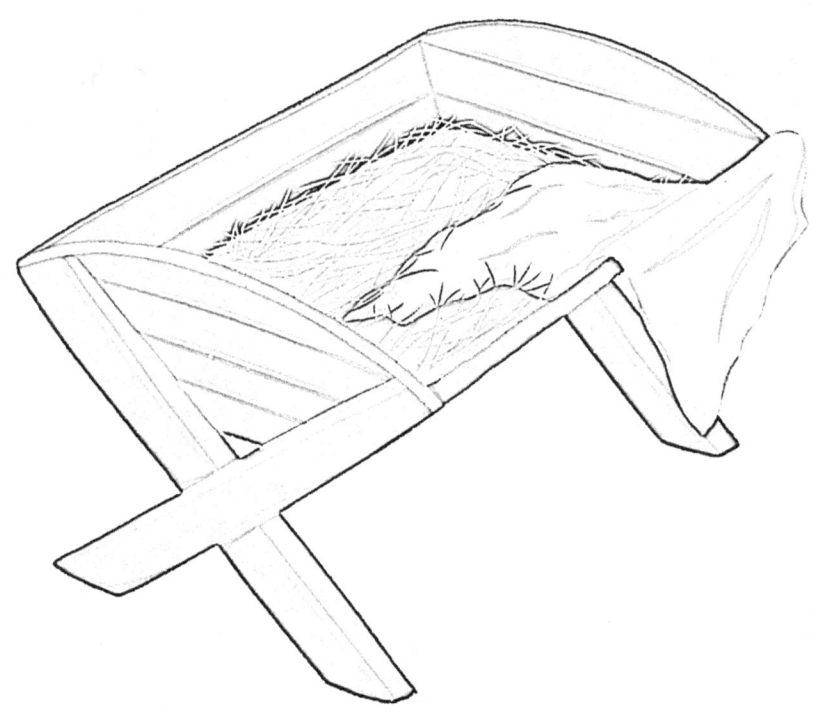

autor: Andrew Thiriot

illustrator: por Lilla Vincze

Wszystkie zwierzęta czekają...

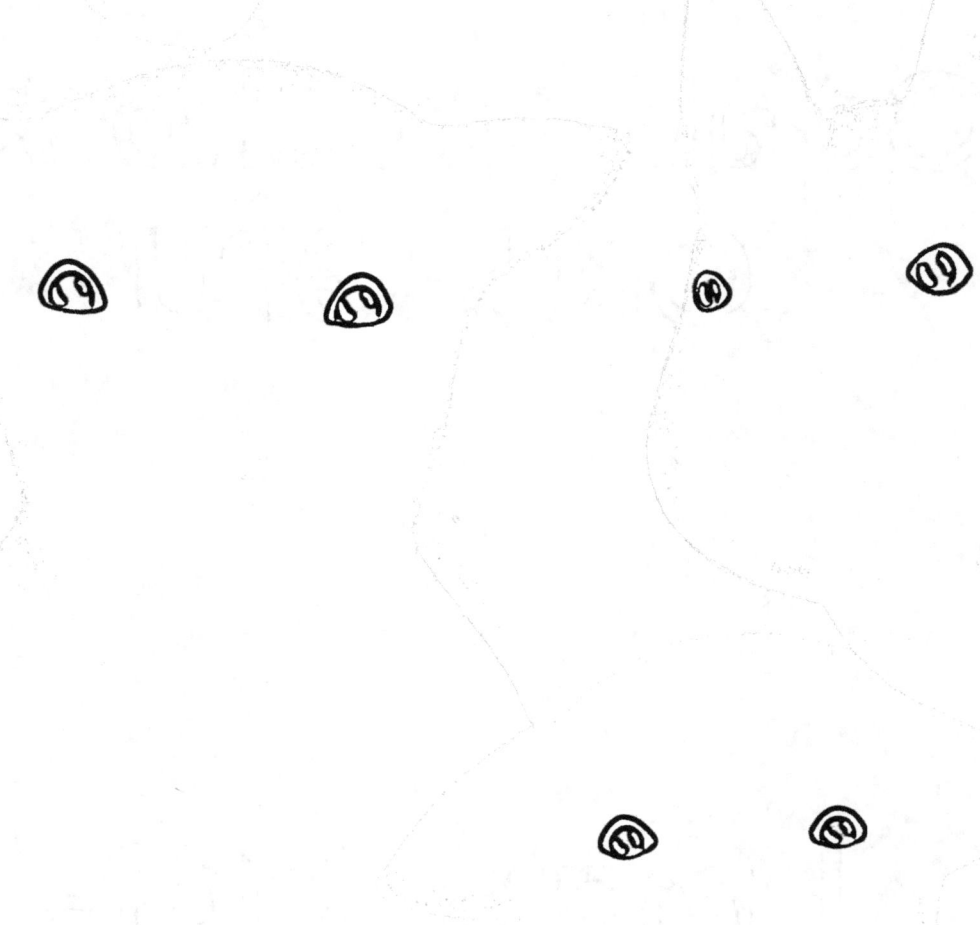

Gołąb gruchocze „GRU, GRU"

I małe, białe pióra ma

Osioł ryczy
„III-ĄĄĄ, III-ĄĄĄ"

I szarą skórę
ma i futro

Krowa muczy „MUUU, MUUU"

Brązowa, z białymi plamami

Baran beczy „BĘĘĘ, BĘĘĘ"

I kręconą, białą wełnę ma

Małe
dziecko płacze
„ŁEE, ŁEE“

Piękne,
jasne i nowe

Mała gwiazdka
migocze
„MRUG-MRUG,
MRUG-MRUG"

Znak od naszego
Ojca Niebieskiego

JEZUS SIĘ

Albowiem tak Bóg umiłował świat,
że Syna swego jednorodzonego dał,
aby każdy, kto w niego wierzy,
nie zginął, ale miał życie wieczne.

Jan 3:16

O Autorze

Andrew Thiriot produkuje muzykę
i piosenki dla dzieci i dorosłych.
Uwielbia cud Bożego Narodzenia.

Odwiedź go na andrewthiriot.com

O Ilustratorze

Lilla Vincze zilustrowała
wiele książek dla dzieci.
Uwielbia czas spędzony z przyjaciółmi
i rodziną, zwłaszcza w okresie Bożego Narodzenia.

Odwiedź ją na Instagramie: @lillu_stration

Również dostępne dla tej książki

Kolorowanka
Łączenie kropek
Wiele języków
Twarda oprawa
Miękka oprawa
E-book
Audiobook do słuchania razem
Książeczka animowana*

*Odwiedź youtube.com/c/andrewthiriot

Chcielibyśmy usłyszeć od Ciebie
Napisz do nas, odwiedzając: andrewthiriot.com

Wyjątkowe Dni z Wyjątkowymi Ludźmi™ Seria

Od wypełnionych wiarą, historycznych świąt
po zabawne rodzinne uroczystości.

Odkryj ludzi, którzy uczynili życie niezapomnianym.

Czytaj na głos z małymi dziećmi.

Kolorowa ilustrowana seria książek dla dzieci do czytania na głos lub do cichej refleksji.

Następna książka
andrewthiriot.com/special